BRIGITTE KAHMANN

Der Adler

Ein Märchen

tao.de

1. Auflage 2017
Autorin: Brigitte Kahmann
Umschlaghintergrundbild: © fotolia/abbiesartshop
Eckornamente Umschlag/Ornament Innenseiten: © fotolia/KatyaKatya
Printed in Germany
Verlag: tao.de in J. Kamphausen Mediengruppe GmbH, Bielefeld,
www.tao.de, eMail: info@tao.de

Bibliografische Information der Deutschen Nationalbibliothek:
Die Deutsche Nationalbibliothek verzeichnet diese Publikation
in der Deutschen Nationalbibliografie; detaillierte bibliografische
Daten sind im Internet über http://dnb.d-nb.de abrufbar.

ISBN Paperback: 978-3-96051-872-3
ISBN Hardcover: 978-3-96051-873-0
ISBN e-Book: 978-3-96051-874-7

Prolog

Es gibt einen Baum, genauer gesagt, meinen ganz persönlichen Kraftbaum. Ich besuche ihn hin und wieder, besonders dann, wenn ich müde bin und erschöpft, wenn mir der Alltag mal zu viel wird. Dann gehe ich zu ihm, setze mich zu seinen Füßen und genieße seine Kraft und Stärke. Wenn ich die Hände ausstrecke, fühle ich seine raue Rinde und spüre, wie sich seine Energie auf mich überträgt. Ich bin geborgen und getröstet. Er ist mein Freund.

Eines Tages lehnte ich mich, wie so oft, mit dem Rücken fest gegen ihn und legte den Kopf an seinen Stamm. Und plötzlich hörte ich ihn zu mir sprechen: „Weißt Du, kleiner Mensch, vor langer, langer Zeit hat schon mal jemand so vertrauensvoll an meinem Stamm gelehnt. Ich erinnere mich gut daran."

Da war ich im Nu wieder hellwach. Ich drängte mich noch fester an meinen Freund, den Baum, heran und sagte: „Ach, wer das wohl gewesen ist! Und, verrätst du es mir?"

DA BEGANN DER BAUM, MIR DIESE GESCHICHTE ZU ERZÄHLEN …

Der Adler

Es war einmal vor langer, langer Zeit ein friedliches kleines Königreich. Es wurde von einem noch jungen König regiert, der das Amt von seinem Vater übernommen hatte, kurz bevor dieser verstorben war. Von ihm hatte er auch den sanften und gütigen Charakter. So jung er war, so klug war er auch.

Rings um seine Burg zog sich der fruchtbare Boden des kleinen Landes. Die Männer arbeiteten auf den Feldern und brachten gute Ernten ein. Die Frauen sorgten in ihren Häusern für Sauberkeit und Ordnung. Sie webten Stoffe, aus denen sie Kleidung für ihre Familie nähten. Es war kein müßiges Leben. Jeder hatte seine Arbeit, und jeder tat sie gerne.

Auch der König ging vielen Beschäftigungen nach. Er sorgte dafür, dass es immer genügend Saatgut gab. Er schickte Abgesandte in ferne Länder, die mit immer neuen Saaten zurückkehrten. Die Erde nahm jedes Samenkorn, jede Pflanze bereitwillig auf, und alles gedieh und wuchs prächtig.

Wenn die Arbeit getan war, besonders nach der Erntezeit, lud der König die Menschen liebend gerne zu gemeinsamen Festen ein. Dann wurde in der Schlossküche gekocht und gebacken, und es gab Wasser und Wein für jeden. Das kleine Königreich war für seinen Wohlstand weit bekannt.

Der junge König hatte auch eine Frau, seine Königin. Die tiefe Liebe zwischen beiden war jedoch eine große Ausnahme. Damals wurden die Ehen der Fürsten und Herrschern meist arrangiert, und nur selten wurden es auch wirklich liebende Paare.

Der alte König hatte einst anlässlich der Geburt seines Sohnes dessen Vermählung mit der Tochter eines angesehenen Fürstenhauses versprochen. Die war in etwa zur gleichen Zeit geboren worden und sollte seine Gemahlin werden. So wurde es beschlossen und besiegelt. Als dann die Zeit der Hochzeit gekommen war, wurde es dem Königssohn und der Fürstentochter recht bang im Herzen, denn sie hatten Scheu voreinander, weil sie sich fremd waren. Jeder der beiden überlegte, dem Vater zu trotzen, aber es sollte doch ganz anders kommen.

Als der Festzug mit dem Fürsten, dessen Tochter und allem Gefolge zur Hochzeit auf der königlichen Burg eintraf, stand der Königssohn neben seinem Vater, um die hohen Gäste und seine Braut zu begrüßen. Er schien ein wenig verlegen, und jedermann sah ihm seine Unsicherheit an. Zuerst stieg der mächtige Fürst aus der Kutsche und begrüßte den König auf das Herzlichste, denn die beiden Herrscher waren einander gute Freunde. Alsdann schritt der Fürst zu einer kleineren Kutsche, öffnete die Tür und reichte seiner Tochter den Arm zum Aussteigen.

Als der Königssohn seiner unbekannten Braut in ihre Augen schaute und ihre zarte liebliche Gestalt erblickte, wusste er augenblicklich, wie sein zukünftiges Leben aussehen würde. Diese Frau würde er lieben und ehren bis ans Ende seiner Tage. Und sie, die verwöhnte Fürstentochter, stand einem wunderschönen Jüngling mit aufrechter Haltung gegenüber. Sie spürte, dass er gleichwohl sanft und gütig sein musste, und verliebte sich unabänderlich in ihn.

Die jungen Leute heirateten also und liebten sich von Stund an inniglich. Mit aller Kraft waren

sie fest verbunden. Und als eines Tages der alte König starb, regierten Sie gemeinsam ihr Volk mit viel Liebe und Güte. Jeder widmete sich der Aufgabe, die der Rolle gemäß war. Bis schließlich ihr Glück und die Freude des Volkes noch größer wurde. Denn die Königin gebar schon bald einen Thronfolger. Vollkommener hätte das Leben in dem kleinen gesegneten Königreich nicht sein können.

Der junge König hatte überdies auch eine Eigenschaft, die sich unabwendbar als großer Fehler erweisen sollte: Er war über die Maßen sorglos und blind für Gefahren! In der Welt jenseits seines kleinen glücklichen Reiches gab es jedoch auch Böses. Unruhen waren an der Tagesordnung, und Kriegsherren erstritten mit Heeren wilder Kämpfer Macht und Länder.

Zu dieser Zeit zog ein dunkler Herrscher mit seinem Gefolge eine breite Spur von Verwüstung und Plünderung hinter sich her. Er überfiel ganze Landesteile und nahm mit seinen Getreuen alles, was sie wollten, um es sich recht gut gehen zu lassen. Sie forderten die besten Weine und die erlesensten Speisen, und wenn sie genug gefeiert

hatten, raubten sie alles Geld, ungeachtet dessen, ob einer arm oder reich war. Sie unterdrückten und zwangen die Menschen, bis es nichts mehr zu holen gab. Erst dann zogen die rauen Männer weiter.

Es dauerte nicht lang, da stand der dunkle Herrscher auch vor den Toren des kleinen glücklichen Königreiches. Es war leicht wie ein Kinderspiel, dieses Land zu erobern, denn er und seine bewaffneten Männer trafen das junge Königspaar und das Volk völlig unvorbereitet an. Es gab weder Soldaten noch Waffen. Der König führte kein Heer und keine Kämpfer an. Es gab nur zufriedene Menschen, die heiter ihrer Arbeit nachgingen und froh waren, ein angenehmes Leben zu haben. Niemand hatte bisher daran gedacht, sich auf fremde Gefahren vorzubereiten, geschweige denn das Land durch eine Grenze zu schützen. So traf der fremde Kriegsherr auf keinen einzigen Soldaten und nahm das Land von einem Moment auf den anderen ein, ohne kämpfen zu müssen.

Das war dem Dunklen aber gerade sehr recht, denn er tötete nur ungern. Nicht, dass es ihm schwergefallen wäre, sein Schwert in den Leib

eines Menschen zu stoßen. Aber ein toter Mann hatte für ihn keinen Wert. Er zog es vor, die Menschen zu unterwerfen, auszubeuten und zu quälen. Wenn er über sie verfügen konnte, wie er wollte, fühlte er sich sehr mächtig. Ohne jede Mühe stürmte er die Burg, ergriff die königliche Familie mit seinen Soldaten und warf sie in dem höchsten der Türme hinter Schloss und Riegel. Die Gefangenen durften mit niemandem sprechen, und der Turm blieb nach außen hin verschlossen. Dort wollte der Kriegsherr sie erst einmal sicher verwahren, bis er über ihr Schicksal entscheiden würde. Vorher aber entriss er dem verzweifelten Königspaar den Korb mit dem kleinen Königssohn. Für dieses Kind sah er keine Verwendung, daher ließ er es von seinen Bediensteten vor den Burgmauern aussetzen. Mochten sich Frauen aus dem Volk um den Knaben kümmern oder auch nicht.

Nun brach eine schwere Zeit an in dem kleinen Königreich. Das bedeutete Mühsal und Pein für die Menschen. Der dunkle Kriegsherr sah, dass es ihm und seinem Gefolge hier lange gut gehen würde. Das fruchtbare Land und die hilflosen Menschen würden sie mit allem versorgen, was

ihr böses Herz begehrte. Er beschloss, sich niederzulassen, und das einst so unbeschwerte Königreich wurde zu einem Ort des Schreckens und des Grauens.

Als Erstes schickte er die kräftigsten Männer des Landes, einen großen Felsen zu finden und ihn, egal wie, in den Burghof zu bringen. Zahllose Männer mussten ihre Kraft und ihren Schweiß einsetzen, um den Monolithen zu bewegen und an seinen Bestimmungsort zu rollen. Dann wurden die Steinmetze des Landes herbeigerufen, und der Herrscher befahl ihnen, aus dem großen Stein einen Thron zu meißeln, der seine neue Herrschaft deutlich machen würde.

Als die Steinmetze ihre monatelange Arbeit beendet hatten, setzte sich der dunkle Herrscher auf den steinernen Thron. Er regierte fortan mit einem Herzen, das ebenso kalt und felsig war.

Ihm zur Seite hockte eine riesige Ratte mit spitzen Zähnen. Ihr langer, nackter Schwanz zuckte stets nervös, bereit, als Peitsche zu dienen. Der böse Herrscher ließ um die Burg hohe Mauern errichten und verriegelte die großen,

einst so einladenden Tore. Nur eine winzige Tür ließ er von einer gewaltigen Spinne bewachen.

Die Menschen lebten im Schatten der Burg ihr ärmliches Leben. Sie mussten schwer arbeiten, um für den Herrscher das feinste Gemüse und die köstlichsten Früchte zu ernten. Auch Wein mussten sie keltern, damit die Krieger ihren Durst löschen konnten. Für sich selbst durften sie nur den letzten Winkel der Felder bewirtschaften. Dort pflanzten sie Kartoffeln und Kohl, doch es reichte nie, um satt zu werden.

Jeden Monat mussten die Arbeiter die Erträge in die Burg bringen. Sie betraten den Burghof

durch die kleine Tür, nachdem sich die schreckliche Spinne in eine Ecke ihres Netzes zurückgezogen hatte. Im Hof saß der Kriegsherr auf seinem steinernen Thron und nahm die Tribute entgegen. Die Riesenratte saß jeweils neben ihm und peitschte mit ihrem Schwanz auf den Boden. Der Herrscher nämlich betrachtete jeden einzelnen Mann sehr genau. Ihm entging nichts. Bemerkte er auch nur den kleinsten Ansatz von Wohlgenährtsein, dann konnte das nur bedeuten, dass dieser Mann die Ernte bestohlen hatte. Dann schlug der Rattenschwanz scharf zu, und manchmal bekam einer sogar die spitzen Zähne zu fühlen.

Nein, die Menschen hatten wirklich jedes Glück verloren, genauso wie das Königspaar im hohen Turm.

In dieser trübseligen Welt lebte ein kleiner Junge. Auch er musste schon schwer arbeiten, tagein tagaus. Denn, wenn die Kinder alt genug waren und volle Kartoffelsäcke tragen konnten, wurden sie auf die Felder geschickt. Der kleine Junge fürchtete sich jedoch nicht vor schwerer Arbeit. Er tat einfach, was getan werden muss-

te, weil er es nicht anders kannte – und weil das schon immer so gewesen war. Aber nachts, wenn er endlich auf seiner Heumatte lag, durfte er es sich erlauben, an etwas Schönes zu denken. Dann träumte er sich allzu gerne in eine hellere Welt, die voller Farben und Leben war.

Der Junge gehörte zu niemandem und war ein Außenseiter. Doch die Dorfleute duldeten ihn, und keiner tat ihm ein Leid an. In seinen Träumen sah er manchmal Gesichter, die ihn liebevoll anschauten. Und manchmal fühlte er, wie er sicher und geborgen von starken Armen getragen wurde. An mehr konnte sich der kleine Junge jedoch nicht erinnern.

Eines Tages, als er auf dem Feld schuftete und sich gerade einmal reckte, sah er plötzlich in nicht allzu weiter Ferne einen großen Baum. Er konnte sich nicht erinnern, ihn dort schon einmal bemerkt zu haben. Über Nacht konnte doch wohl kein solch mächtiger Baum gewachsen sein, oder doch? Vorsichtig sah er sich um. Die Bauern schienen den Baum nicht zu sehen. Der kleine Junge duckte sich und entfernte sich ganz langsam und vorsichtig von den anderen.

Niemand sah von seiner Arbeit auf, so wollte er sich unbemerkt zu dem Baum schleichen. Er schaute sich immer wieder vorsichtig um, ob ihn jemand aufhalten und zurückholen würde. Doch niemand nahm Kenntnis von seinem Plan.

Endlich gelangte er an den Platz des grünen Riesen. Er kletterte über die Wurzeln, die aus dem Boden herausragten und dem Baum seine Standfestigkeit gaben. An dem mächtigen Stamm mit seiner rauen Rinde ließ er sich auf den Boden sinken. Staunend schaute er hinauf in die grüne Baumkrone, die sich schützend über ihm auszubreiten schien. Die Blätter rauschten leise.

Da fühlte der kleine Junge etwas in seinem Herzen, das er nicht verstand. Ein ungeheuer starkes Gefühl bemächtigte sich seiner. Und er bemerkte verwirrt, wie sich sein Mund wie von selbst auseinanderzog, seine Stirn höher strebte und seine Augenlider sanken, bis nur noch ein schmaler Spalt offen war.

Schön war das! Er lehnte sich gleich noch fester an den Baum und genoss dieses wunderbare, unbekannte Gefühl.

So verging viel Zeit, und am Abend, im Schutz der Dunkelheit, rannte er schnell zurück zu seinem Lager. Niemand schien ihn vermisst zu haben, keiner sprach auch nur ein Wort zu ihm. Da war der kleine Junge zufrieden. Und in dieser Nacht geriet er in ganz neue Träume, wie er sie nie zuvor geträumt hatte. Die Bilder waren größer, liefen weiter als früher, sodass er im Schlaf lächelte, obwohl er gar nicht wusste, warum. Wie gut, dass auch das niemand bemerkte.

Am nächsten Tag unternahm der Junge erneut das Abenteuer und schlich zu dem Baum. Wieder ging alles gut. Zufrieden seufzend setzte er sich dicht an den Baum, streckte seine Hände aus und versuchte, seinen neuen Freund zu umarmen. Ein Blatt wehte aus der hohen Krone des Baumes zu ihm herunter und landete direkt neben seinen Füßen. Er hob es vorsichtig auf und betrachtete es neugierig.

Er bemerkte die feinen Adern, die das Blatt durchzogen, durch die bis eben noch die Lebenskraft des Baumes geströmt war. Es war so leicht, dass er es mit seinem Atem bewegen konnte. Begeistert pustete er ein paar Male und dirigierte

das Blatt mal nach links, mal nach rechts. Wie schön war dieses Spiel! Dann ließ er es auf seinen nackten Füßen liegen und schloss die Augen. Und wieder wurde er von dem herrlichen Gefühl ergriffen, wie am Tag zuvor. Es breitete sich in seinem ganzen Körper aus und schenkte ihm ein Wohlsein, wie er es nicht für möglich gehalten hatte.

Als der kleine Junge eine ganze Weile reglos und zufrieden geruht hatte, streifte plötzlich ein sanfter Hauch über seine Stirn. Er öffnete die Augen, und vor ihm stand ein seltsames unbekanntes Wesen. Es schien aus einer anderen Welt gekommen zu sein, denn es hatte eine helle Gestalt, umflossen von Licht. Aus seinem sanften Gesicht schauten ihn liebevolle Augen an.

Die Lichtgestalt sprach keine Worte, aber der kleine Junge verstand sie trotzdem. Und als sie ihm eine Hand wie einen Lichtstrahl entgegenstreckte, griff er vertrauensvoll danach.

Er wurde emporgezogen und von dem Lichtwesen um den Baumstamm herum geführt, zu einer Stelle, an der er bei näherem Hinsehen ein

Tor entdeckte. Sogleich traten sie hindurch und landeten in einer ganz anderen Welt.

Da sah der Junge alle seine Träume. Er sah Berge, sanfte Hügel und tiefe Wälder. Weite Seen fügten sich wie Perlen in die Landschaft ein, und silbrige Flüsse durchzogen die Erde. Alle Farben und das Licht fand er genau so vor wie in seinen Träumen. Er schloss die Augen, atmete tief ein und spürte sein Herz weit werden und seine Sinne sich öffnen.

Hoch in der Luft über sich sah der Junge einen Adler kreisen. Es schien, als hätte dieser ihn bemerkt, denn seine Runden wurden jetzt kleiner. Der Adler ließ sich sinken und kam immer näher, bis er schließlich direkt vor ihm landete. Mensch und Vogel sahen sich lange an, da erkannte der Junge, dass der Adler ein altes Tier von großer Weisheit war.

Der alte Adler erzählte ihm Geschichten aus der Anderswelt. Er beschrieb die Wesen, die dort lebten. Es gab Trolle, deren Aufgabe es war, die Natur zu versorgen. Sie gossen die Blumen und Bäume, fütterten die Tiere im Winter und küm-

merten sich um das Wohlergehen von Beeren und Früchten. Da waren Nymphen, die alle Flüsse und Seen reinigten und nährten.

Auch Zwerge lebten in dieser Welt. Sie ließen alles gedeihen, was in die Erde hinabtrieb. Sie sorgten für die Wurzeln und dafür, dass der Boden genügend Mineralien und Nährstoffe hatte, damit die Pflanzen gut wachsen konnten. Es lebten auch Luftgeister in dieser Welt. Sie konnten sanfte Brisen fächeln, um Blüten zu bestäuben und Samen zu streuen, sodass die Pflanzen sich vermehrten. Aber manchmal brausten sie auch wild, bogen Zweige und peitschten die Wasser.

Aber die wilden Gesellen trieben ihr Unwesen. Die meiste Zeit des Jahres schliefen sie in ihren Erdhöhlen, aber an den Tagen zwischen den Jahren waren sie so ausgeruht, dass sie unbändig und übermütig wurden. Dann zogen sie los, den Menschen Angst und Schrecken einzujagen. Daran hatten sie alle einen wilden Spaß.

Der kleine Junge hörte zu und merkte sich jedes Wort. Und er wünschte sich so sehr, hier in diesem Land leben zu dürfen.

Der weise Adler und der kleine Junge waren bald schon unzertrennlich. Der Adler hatte Freude an seinem jungen Schüler, und der Junge sog die Weisheiten und die Erzählungen des Alten in sich auf. Kaum noch erinnerte er sich an sein altes Leben auf den Feldern. Er glaubte, immer schon gewusst zu haben, dass er hierher gehörte. Und wirklich - eines Tages breitete der kleine Junge seine Arme weit aus und verwandelte sich in einen Adler. Er stieß einen Schrei aus. Nun war er frei, grenzenlos frei.

Viele Jahre waren vergangen. Immer noch lebte der Adler in Freiheit und genoss die grenzenlose Weite. Doch manchmal kreiste er auch über dem Königreich, dem er entronnen war. Mit seinen scharfen Augen sah er herab und erkannte die abgestumpften leeren Gesichter der Menschen, die so hart auf den Feldern arbeiteten. Er sah im Innenhof der Burg den bösen Herrscher auf seinem steinernen Thron sitzen, umringt von seinen Kriegern und der spitzzahnigen Ratte. Er sah das Elend und die Angst der Bauern, wenn sie die Ernte vor ihn brachten.

Eines Tages erspähte er in einem der Burgtürme den König und seine Königin, die dort seit langer Zeit gefangen gehalten wurden. Da verspürte er ein schmerzvolles Ziehen in seinem Herzen, das so war wie eine unbestimmte Sehnsucht. Und der Adler beschloss, das Böse aus dem Land zu vertreiben. Das Königreich sollte wieder mit Liebe regiert werden, das Königspaar sollte eine neue Hoffnung schenken, und die Menschen sollten glücklich leben.

Nun begab es sich gerade, dass die Zeit der Rauhnächte nahte, das ist die Zeit zwischen

den Jahren. In diesen mystischen Nächten werden die Tore zur Anderswelt weiter geöffnet als sonst. Waren die Menschen leise und lauschten, verstanden sie die Sprache der Tiere.

Aber es war auch die Zeit der wilden Gesellen, die lärmend und tobend durch das Land zogen und ihr Unwesen trieben. Sie waren nicht böse, jedoch versetzten sie allein durch ihre wüste Gestalt und ihr Getöse die Menschen in Angst und Schrecken. Da konnte jedermann nur geraten sein, sich hinter verschlossenen Türen aufzuhalten und eine Kerze ins Fenster zu stellen, um die Dunkelheit zu erhellen.

Der Adler wusste um die Magie dieser besonderen Zeit. Sein weiser Lehrer, der alte Adler hatte ihm davon erzählt. Und er fasste einen Plan. Er flog lange und immer wieder zwischen Himmel und Erde seine Kreise über dem Land, das vor lauter Elend nur so ächzte.

Seine Schreie waren den Menschen nicht geheuer, denn sie kannten sein Rufen nicht. Noch nie hatte sich ein Tier aus der Anderswelt in das kleine Königreich verirrt. Doch der Adler, der

einst als kleiner Junge in diesem unterdrückten Land gelebt hatte, wartete sehnlichst auf die Rauhnächte in der Hoffnung, seine Botschaft würde von den Menschen verstanden werden, wenn sie nur darauf lauschten.

Er forderte die Menschen auf, achtsam zu sein, die Zeichen zu erkennen und auf die Stimmen zu hören, die zu ihnen sprechen würden. Zuerst waren die Menschen sehr verwundert. Selbst der König und die Königin in ihrem abgeschiedenen Gefängnis trauten ihren Ohren nicht. Zweifellos hörten sie eine Stimme, als eine Schwalbe an die Fensterbrüstung flog: „Seid wachsam! Habt keine Furcht! Die Befreiung naht!“

Männer und Frauen in ihren kalten, kargen Häusern vernahmen ebenfalls klare Worte. Manchmal war es eine kleine Feldmaus, die sagte: „Haltet die Sensen geschärft!“

Mal war es auch ein Waldvogel, der ihnen riet: „Sammelt genügend Feuerholz!“

Viele Kinder träumten und fühlten sich umarmt und geborgen. Sie wachten am nächsten Morgen auf mit der Gewissheit, keine Angst mehr zu haben.

Was war geschehen?

Der Adler hatte allen Tieren des Waldes von dem traurigen Königreich erzählt und sie gebeten, in den magischen Rauhnächten zu den Menschen zu gehen und ihnen die gute Botschaft von der nahenden Befreiung zu bringen. Und so waren all die Tiere gekommen und hatten den Menschen von der großen Hoffnung erzählt und sie aufgefordert, darauf vorbereitet zu sein.

Nun musste sich der Adler der schwierigsten Aufgabe widmen, auch die wilden Gesellen für

seinen Plan zu gewinnen. Sie sollten mit dem Volk des unterdrückten Königreiches ein Bündnis eingehen. Dann vertraute er sich dem großen Baum an. Ruhig saß er am Tor zur Anderswelt im Dunkeln. Er war unsichtbar im dichten Blätterwerk seines Baumfreundes versteckt und wartete.

Es vergingen einige Tage und Nächte, die der Adler ohne Nahrung und ohne Schlaf blieb. Die wilden Gesellen waren nicht immer zuverlässig. Sie kamen und gingen, wie es ihnen passte. Daher war er in Sorge, sie könnten den gemeinsamen Plan vergessen oder vereiteln. Aber dann hörte er ein Brausen und Lärmen, ein wildes Gegröle. Die wilde Horde war doch gekommen. Sie näherten sich dem Tor zur Anderswelt, hinter dem der Adler sie bereits erwartete. Mit weit ausgebreiteten Schwingen saß er auf einem Felsen. Seine imposante Erscheinung gebot selbst den Stärksten unter den wilden Gesellen Ehrfurcht. Ihr Grölen verstummte, und sie ließen ihre Ketten und Rasseln zu Boden sinken, um dem Adler zuzuhören.

Er erzählte ihnen die ganze Geschichte. Er beschrieb die große Unterdrückung des einfachen Volkes, die traurigen Kinder, die geknechteten

Männer und Frauen, die bis zur Erschöpfung auf den Feldern arbeiten mussten.

Die wilden Gesellen hörten von den Frauen, die sich angstvoll von den Soldaten fernhielten, von den Kindern, in deren armseligem Leben kein Spiel und keine Freude war. Und auch vom König und seiner Königin, die gefangen gehalten wurden und von ihrem Volk getrennt waren.

Die wilden Gesellen waren furchterregend anzusehen. Aus ihren schrecklichen Gesichtern, die halb verdeckt waren von struppigen Bärten, blickten sie sich nun ratlos an. Da nahm der Adler allen Mut zusammen und bat die Kerle, sich mit den Menschen zu verbünden, um ihnen zur Freiheit zu verhelfen. Eben die Menschen, die sonst Opfer ihrer wilden Jagd waren und sich vor ihnen versteckten während der Raunächte.

Das konnten sie sich nicht sogleich vorstellen. Doch der Gedanke, mit wildem Treiben etwas Gutes zu bewirken, gar ein ganzes Volk zu befreien, gefiel ihnen. Und dafür - wurden sie sich mit Geraune und Gemurmel rasch einig – wollten sie mit den Menschen gemeinsame Sache machen.

Der Adler hatte vorgesorgt und die anderen Tiere damit beauftragt, die Männer des Volkes nachts aufmerken zu lassen, sobald die wilden Gesellen angebraust kämen, und sie zum Tor zur Anderswelt zu führen.

Als die Menschen Folge leisteten und sich dem Baum näherten, standen sie dicht aneinandergedrängt und schienen furchtsam. Doch ihr Elend war inzwischen so groß geworden, dass sie allen Mut zusammennahmen und sich ein Herz fassten, um ihre Angst zu besiegen. Sie waren bereit, sich anzuhören, was der Adler ihnen zu sagen hatte. Die Menschenmänner des einst glücklichen Volkes standen den wilden Gesellen aus der Anderswelt von Angesicht zu Angesicht gegenüber, um gemeinsam zu beraten, was zu tun sei.

Nun war es so, dass der dunkle Krieger, der voll des guten Lebens war, allmählich träge wurde. Seine Männer übten ebenfalls nicht mehr für den Kampf. Denn es gab ja nichts mehr zu erobern, das sie nicht schon besaßen.

In der Burg lebte es sich großzügig, und das Volk brachte ihnen alles, was zu einem bequemen

Leben gehörte. Gutes Essen und Wein waren im Überfluss vorhanden, und die prächtige Burg hatte große und warme Zimmer für alle Soldaten. Unzählige Bedienstete kümmerten sich um die Zubereitung der Speisen und schürten die Feuer der Kamine Tag und Nacht. Nur wenige Krieger bewachten die Burgmauern oder kontrollierten die kleine Tür, die von der großen Spinne gehütet wurde.

Die einzige Abwechslung seiner Männer bestand darin, auf die Felder zu reiten, um die Bauern anzutreiben. Aber sonst hatten sie nichts zu tun. Das Leben war Müßiggang, und manchmal kehrte leise die Langeweile ein.

Das führte leicht zu Streitigkeiten, die nur allzu gern mit dem Schwert ausgetragen wurden. Nicht selten endete ein so nutzlos verbrachter Tag mit einem ebenso nutzlosen Begräbnis. Der dunkle Herrscher gebot all dem keinen Einhalt.

Doch seine einstigen tapferen Kämpfer wurden des Nichtstuns schließlich überdrüssig. Sie steckten voller Angriffslust, aber sie waren auch bequem geworden und längst nicht mehr die

schneidigen Reiter – imstande, die Pferde mit den Knien zu lenken und frei die Schwerter zu erheben.

Und die Pferde? Die standen auf einer grünen Weide hinter der Burg und grasten. Sie wurden alt und unbeweglich. Vorbei war die Zeit, da die einst feurigen Rosse in die Schlacht zogen und ihnen starke Sporen gegeben wurden.

Das alles wussten nun die unterdrückten Männer aus dem Königreich zu erzählen. Der Adler und seine verbündeten Gesellen hörten aufmerksam zu. Und sie schmiedeten gemeinsam einen Plan, denn sie erkannten die Gunst der Stunde.

Der Adler war der Anführer, derjenige, der sie alle für das Bündnis zusammengeführt hatte. Die furchtlosen Männer hatten nur den einen Wunsch, die Besetzer der Burg zu vertreiben und ihren König und ihre Königin zu befreien. Sie waren entschlossen, für ihre Freiheit zu kämpfen. Und die wilden Gesellen? Die meinten, es sei eine gute Sache, den Menschen zu helfen. Danach würden sie wieder lärmen und jagen und schrecken.

Und dann geschah etwas Unerwartetes: Die vernachlässigten Pferde auf den Weiden hatten aus der Ferne die Unruhe in der Anderswelt vernommen und die Ohren gespitzt, um zu hören, was vor sich ging. Sie boten an, sich dem Bündnis anzuschließen. Waren sie auch keine Schlachtrosse mehr, konnten sie den Menschen immer noch Hilfe bei der schweren Feldarbeit leisten. Immerhin war der eine oder andere von ihnen zu ihnen gekommen und hatte sie gestreichelt oder ihnen einen Leckerbissen hingehalten, während ihre eigenen Herren sie vergessen hatten.

Der Adler sah nun im Geiste die Übermacht auf der Seite des Guten. Als große Gemeinschaft würden sie es schaffen, die Jahre der Knechtschaft zu beenden und das kriegerische Heer ein für alle Mal zu vertreiben.

Und so begann der Befreiungsschlag.

Als Erstes zerrissen die wilden Gesellen mit ihrer Kraft das feste Spinnennetz und gelangten so in den Burghof. Die Spinne, völlig überrumpelt, verkroch sich weit entfernt von ihrer kleinen Tür in einem Spalt der Burgmauern und wartete

ab. Hinter den wilden Gesellen schlichen sich die Frauen und Kinder ein, die die Feuerplätze im Hof mit frischem Holz bestückten und anzündeten. Die stärksten Männer liefen zu den großen Toren, die noch fest verschlossen waren, und öffneten sie weit und so einladend - wie es früher gewesen war.

In aller Stille hatte sich das Bündnis zu einer großen Armee formiert. An der Spitze flog der Adler, ihm folgten die wilden Gesellen in breiter Front. Hinter ihnen, weit aufgestellt, scharrten die Pferde mit den Hufen, bereit, zu laufen und zu treiben. Die Nachhut bildeten die Menschen. Die abgemagerten Männer waren gestählt von der harten Arbeit und hielten ihre kräftigen Arme angespannt. Und die Frauen standen hinter ihnen und verbargen ihre Kinder schützend in den Röcken.

Niemand hatte es sich nehmen lassen, dabei zu sein. Sie waren alle bereit, ihr Königreich zu befreien.

Der Adler stieß alsdann seinen gellenden Schrei aus und gab das Zeichen zum Gefecht. Die

wilden Kerle lärmten, brausten und schwangen ihre Ketten und Rasseln. Die Pferde stampften und schnaubten. Und man staune: Unter ihnen waren auch die Tiere des Waldes versammelt, die von dem Bündnis gehört hatten und sich der guten Tat anschließen wollten. Wölfe knurrten, Wildschweine grunzten zornig. Selbst aus der Anderswelt waren weitere Gestalten durch das Tor gehuscht, um zu helfen. Die Menschen schauten ungläubig auf Sylphen und Windgeister. Letztere ließen sogleich die Feuer hoch auflodern. Auch die Zwerge waren gekommen, um gegen das Böse anzutreten.

Inzwischen waren die Krieger des dunklen Herrschers von der Unruhe im Burghof aufgeschreckt und liefen aus ihren warmen Gemächern heraus. Sie rannten mit gezückten Schwertern, wussten aber nicht, gegen wen sie sie richten sollten. Denn niemand war da, ihnen zu sagen, was sie tun sollten. Und so töteten sie in ihrem sinnlosen Hin- und Herlaufen ihre eigenen Gefährten.

Bei all dem standen die Verbündeten in ihrer unbewegten Formation. Der Adler blieb still,

während die einstmals so kriegerischen Männer übereinander herfielen. Jetzt waren sie nur noch schwache Gestalten.

Plötzlich erschien den Gefährten der Kriegsherr. Er war vom Lärmen seiner eigenen Männer aus dem Schlaf gerissen worden und stürzte nun im Morgenrock in Freie. Neben ihm rannte die spitzzahnige Ratte.

Da stieß der Adler mit einem angsteinflößenden Schrei auf sie zu, packte sie und flog mit ihr davon, in die Anderswelt. Dort öffnete er über einem tiefen, dunklen Wald seine Klauen und die Ratte fiel herab und war ihrem Schicksal überlassen. Ob und wie sie ihr Leben verbrachte, ist ungewiss. Aber ohne ihren Meister wird sie wohl keinen Schaden mehr angerichtet haben.

Der Kriegsherr im Burghof stolperte währenddessen ziellos in das Durcheinander seiner um sich schlagenden Männer. Er war noch so voll des Weines, dass seine Augen nicht klar blicken konnten. Ihn packte das Entsetzen, weil jedermann sinnlos hin- und herlief. Er brüllte widersinnige Befehle, die niemand befolgte.

Schließlich versuchte er, seinen steinernen Thron zu erreichen, um sich mehr Überblick zu verschaffen. Dabei übersah er jedoch eine Feuerstelle und fiel, trunken, wie er war, mitten hinein. Das war nun sein grausames Ende.

Die Krieger blieben ohne ihren Herrn hilflos zurück und wussten nicht mehr ein noch aus. Inzwischen war der Adler aber zurückgekehrt und gab endlich das vereinbarte Zeichen, woraufhin die wilden Gesellen, die stampfenden Rosse und scharrenden Waldtiere, die wütenden Menschen und all die Wesen aus der Anderswelt auf die armseligen Krieger losstürmten.

Da gab es keine Rettung mehr. Sie liefen um ihr Leben, ließen ihre Schwerter fallen und rannten zu den offenen Toren hinaus. Die Gefährten des Bündnisses trieben sie weiter und immer weiter über die Felder und tiefer und noch tiefer in die dichtesten Wälder. Die Bäume und das Unterholz schlossen sich so dicht um sie, dass sie niemals wieder herausfinden konnten.

Da waren die Gefährten zufrieden. Sie hatten das kleine unglückliche Königreich vom Übel

befreit, ohne überhaupt kämpfen zu müssen. Gewiss, sie hatten den bösen Herrscher und seine Soldaten überrumpelt und erschreckt, aber sie hatten niemanden verletzt oder gar getötet. Und trotzdem waren sie nun frei. Endlich herrschte wieder Frieden!

Ja, das kleine Volk war mit der Hilfe ihrer vielen Gefährten der Knechtschaft des dunklen Herrschers entronnen und hatte allen Grund, glücklich zu sein. Es besiegelte deshalb die Kraft des Bündnisses, damit es gälte bis in die Ewigkeit. Jeder – ob klein oder groß, ob aus der diesseitigen oder aus der anderen Welt – würde sich jederzeit darauf verlassen können, für immer.

Doch zum guten Schluss gab es noch etwas zu tun, und das stellte die Gefährten vor eine schwierige Aufgabe. Um den König zu befreien, mussten sie das Turmgefängnis finden. Die Burg war groß und sehr verwinkelt. Niemand war jemals im Inneren gewesen und keiner kannte den geheimen Weg dorthin. Da schwang sich der Adler auf und flog hoch über ihnen zum Fenster des Turmgefängnisses. Das Königspaar verriet ihm, wo der Eingang zur Treppe lag, sodass bald alle gemein-

sam die Stufen hinaufstiegen und mit vereinten Kräften die großen Riegel vor der verschlossenen Tür aufschoben. So erlösten sie ihren König und seine Königin aus ihrem Gefängnis.

Da erkannte der König sein treues Volk, das ihm noch immer das Vertrauen schenkte. Und die Königin sah, dass die Männer, Frauen und Kinder tiefes Leid erfahren hatten. Das Königspaar blickte in all die erleichterten Gesichter der übrigen Gefährten und sprach allen den tiefen Dank aus, den sie empfanden. Dann verneigte es sich lange vor all seinen Untertanen. Und die Untertanen beugten sogleich die Knie, um ihm seine Hochachtung zu zollen.

Das Herrscherpaar war während seiner langen Zeit der Gefangenschaft älter geworden. Der König hatte Tag für Tag und Nacht für Nacht darüber nachgedacht, dass er leichtsinnig gewesen war, weil er sein Reich nicht zu schützen gewusst hatte. Darüber war er noch weiser geworden, das sah man ihm an, denn er strahlte noch mehr liebevolle Güte aus als jemals zuvor. Seine Kraft und sein Mut war gewachsen, der König war ohne jeden Zweifel fest entschlossen, von nun an kein

Auge mehr zu schließen, bevor er nicht jedermann in Sicherheit wusste.

Die schöne Königin stand fest neben ihrem Gatten. Mit ihrer aufrechten Haltung bezeugte sie allen, dass sie genügend Willensstärke besaß, um gemeinsam mit dem König das kleine Königreich erneut zur Blüte zu bringen. Jedoch umgab ihr liebliches Antlitz deutlich ein Schleier der Melancholie. Und niemand wusste, was mit ihr geschehen war, auch nicht der König und wohl nicht einmal sie selbst. Nur der Adler, der hoch oben am Himmel seine weiten Kreise zog, verspürte in seinem Herzen eine schmerzliche Regung. Eine starke Sehnsucht brannte in ihm. Langsam ließ er sich tiefer und tiefer sinken, bis er im Burghof direkt vor der Königin landete. Da schauten alle verwundert auf den großen Vogel, der in seltsamer Vertrautheit mit ihr schien.

In diesem Moment legte sich eine magische Stille über den Platz, und kaum einer wagte noch zu atmen. Die Sonne brach gewaltig durch die Wolken und richtete ihre hellsten Strahlen auf den Adler, sodass er ganz in gleißendes Licht gehüllt war. Vor aller Staunenden Augen schien sich

die gefiederte Adlergestalt zu verwandeln. Blitze zuckten um seinen schwarzen Körper, sodass die Anwesenden die Hände vor die Augen hoben, um nicht geblendet zu werden. Und als das Lichtwunder endete, stand ein hochgewachsener junger Mann an der Stelle, an der soeben noch der Adler gewesen war.

Kein Zweifel, der verloren geglaubte Königssohn war zurückgekehrt. Jedermann musste ihn sofort erkennen, denn er war seinen königlichen Eltern über die Maßen ähnlich. In seiner Brust schlug ein königliches Herz, das seine Heimat nie vergessen konnte und den Weg nach Hause zurück gefunden hatte. Der einst kleine Junge, der zum Adler geworden war, um sein Land und sein Volk zu befreien, war zu einem stattlichen Jüngling herangewachsen.

Als Erste besann sich die Königin, wandt sich aus der schützenden Umarmung ihres Gatten und lief auf ihren Sohn zu. Sie nahm seine Hände und wusste sogleich, dass es ihr geliebtes Kind war. Auch der Königssohn erkannte seine Mutter, denn er hatte ihr Gesicht alle Jahre in seinen Träumen gesehen. Unter vielen Tränen

umarmten sich Mutter und Sohn. Dann trat der junge Mann vor seinen Vater und kniete vor ihm nieder. Der König erhob seinen Sohn und legte seine Arme um dessen Schultern. Nun war die Königsfamilie wieder vereint, und noch am selben Tag wurde ein großes Fest gefeiert.

Das war der Beginn einer glorreichen Zeit für das kleine Königreich. Der gute König führte sein Land und seine Geschäfte unter dem Schutz des neuen Bündnisses. Ein jeder im Volk lebte frei und zufrieden. Der König entsandte auch Späher,

die mit ihren Familien an den Grenzen in alle vier Himmelsrichtungen siedelten. Sie wachten darüber, dass Fremde nicht unbemerkt blieben, wenn sie in das Reich gelangten, sondern danach befragt wurden, ob sie in friedlicher oder feindlicher Absicht kämen.

Der Königsohn behielt aber die Fähigkeit, sich jederzeit in einen Adler zu verwandeln, um das kleine Königreich zu beschützen. Er kannte nun seine Zauberkräfte und hatte gelernt, sie gut einzusetzen. So manche Tage sah man den Adler am weiten Himmel jenseits der Grenzen kreisen.

Wenn er Fremde mit friedlicher Gesinnung ausmachte, geleitete er sie bis an die Eingangstore des Landes, wo sie herzlich empfangen wurden. Kamen sie jedoch in räuberischer kriegerischer Absicht, stieß er warnend seinen schrillen Schrei aus, der über dem ganzen Land zu hören war.

Dann kamen die Bewohner des Landes und die Wesen der Anderswelt zusammen, um sich zu verteidigen. Die Fremden sahen sich alsbald der Streitmacht des Bündnisses gegenüber. Dicht an dicht standen der König, die Menschen, Rosse,

Waldtiere und wilde Gesellen, Zwerge und Trolle, Luftgeister und Wasserwesen. Diese starke Einigkeit war unüberwindbar. Das Bündnis zwischen dem kleinen Königreich und der Anderswelt hatte Bestand.

Bis auf den heutigen Tag sichern die Mächte der Anderswelt die Grenzen des kleinen glücklichen Landes und beschützen dessen Bewohner. Nur in der Zeit zwischen den Jahren, während der rauhen Nächte, steht das Tor zu dieser anderen Welt offen – und jedermann sollte sich ihm mit angemessener Ehrfurcht nähern.

An die alte Spinne, die so lange die kleine Tür zum Burghof bewacht hatte, dachte jedoch keiner mehr. Was war aus ihr geworden?

In den gewaltigen Burgmauern gab es unzählige Ritzen und Spalten. In einer dieser Verstecke hatte sich die große Spinne verkrochen und dachte lange darüber nach, was ihr geschehen war. Sie hatte auf Geheiß des Kriegsherrn die Tür bewacht und mit ihrem schrecklichen Anblick die Menschen zum Fürchten gebracht. Doch nun wurden ihre Dienste nicht mehr gebraucht. Es

gab weder Furcht noch Schrecken mehr in diesem Königreich, also waren ihre Fähigkeiten nutzlos geworden.

Die Spinne war jedoch eine gute und zuverlässige Wächterin gewesen. Außerdem hatte sie kunstvolle und stabile Netze gesponnen und ließ sich niemals entmutigen. Sobald ihr Netz einmal gerissen war, hatte sie stets unverdrossen wieder von vorne begonnen und ein neues gewoben. Sie hatte sich von dem ernährt, was sich in ihrem Netz verfing, schließlich musste sie für ihr eigenes Leben sorgen. Aber das war wohl kaum böse zu nennen. Nun war die Spinne verzweifelt, denn sie wusste nicht, wie sie sich bei den Menschen nützlich machen könnte.

Da erinnerte sie sich daran, dass sie einmal von einem Baum gehört hatte, der die wundersame Kraft der Verwandlung besitzen sollte. Sie wusste weder, wo er zu finden war, noch, ob er ihr helfen konnte. Aber sie wollte ihn unbedingt finden.

Bei Nacht und Nebel krabbelte sie aus ihrem Versteck und ließ die Burg hinter sich, in der es jetzt hell und licht und fröhlich war, und wo es

keinen Platz mehr für sie gab. Sie lief die ganze Nacht hindurch, ohne auszuruhen. Und bei Tagesanbruch, als sie bereits ganz erschöpft war, sah sie in der Ferne plötzlich den Baum stehen. Er musste es ganz bestimmt sein, groß und mächtig wie er war.

Müde ließ sie sich unter seinem Blätterdach nieder. Sie knickte ihre vielen Beine ein, machte sich ganz klein und schmiegte sich – wie einst der kleine Junge – an den Baumstamm. Die Spinne schlief sogleich ein und fiel in einen tiefen Traum. Sie sah sich in einem starken und tugendhaften Körper stecken, der wunderschön war. Mit ihrer großen Kraft setzte sie sich zum Wohle anderer Lebewesen ein und war geliebt und gefeiert.

Die Spinne schlief so fest, dass sie gar nicht bemerkte, wie eine Lichtgestalt an sie herantrat und sie lange aufmerksam betrachtete. Das lichte Wesen war eine Fee, die die geheimen Wünsche der Spinne bemerkt hatte. Sie legte einen weißen Schleier über die Spinne, und als diese schließlich erwachte, fand sie sich in eine alte Frau verwandelt. Sie sah zufrieden an sich herunter und spürte in ihrem Herzen eine große Weisheit.

Fortan lebte sie zurückgezogen in einer kleinen Hütte im Wald. So vieles hatte sie in ihrem Leben schon gesehen und erfahren, und alles hatte sie in ihrer Erinnerung bewahrt. So wurde sie schließlich zu einer Hüterin der Traditionen und Rituale. Sie verschenkte großzügig ihre Weisheit an jeden, der mit einer Not oder einer Frage zu ihr kam. Für alles wusste sie guten Rat, und niemand außer ihr konnte besser und anschaulicher erklären, wie man ein weiches und warmes Winternest machte. Vor allem aber riet sie dazu, stets beständig und beharrlich im Leben zu sein.

Mit der Zeit fanden immer mehr Menschen und auch Tiere den Weg zu ihrer Hütte. Sie brachten Geschenke mit für die Hilfe, die sie von der alten Frau erwarteten. Manche trugen das herbei, was sie auf ihren Feldern geerntet hatten. Andere überreichten ihr Kleidung und Wäsche, die sie auf dem eigenen Webstuhl gemacht hatten. Eichhörnchen schleppten Nüsse aus ihrem Wintervorrat heran. Die größeren Jäger legten ihr sogar frisch erlegtes Wild vor die Tür.

Aber es kam auch vor, dass ihr jemand mit leeren Pfoten unter die Augen trat und kleinlaut

gestand, wieder einmal vergessen zu haben, wo die Beute vergraben lag. Dann lächelte die Alte nachsichtig und half trotzdem, wo immer sie konnte.

Besonders liebte es die Alte, wenn die kleinen Feuerteufelchen sie besuchten, denn sie liebte deren lustige Flammenspiele. Mit aller Vorsicht achteten die kleinen Flämmchen darauf, unterwegs nichts zu berühren, damit nichts in Brand geriet. Erst, wenn sie in der Hütte der Alten sicher angekommen waren, hüpften sie fröhlich in den Kamin und sorgten für ein prasselndes und wärmendes Feuer.

Ja, die weise alte Frau wurde von allen geliebt und geachtet. Sie lebte noch viele Jahre. Sie war stets für jeden Tag dankbar und großherzig gegen jeden. Niemals aber vergaß sie, wer sie einmal gewesen war."

Epilog

Der Baum hatte aufgehört zu erzählen. Er hatte einen wehmütigen Seufzer gemacht und mich dann in sein dichtes Schweigen eingehüllt. Still und entspannt lehnte ich an seinem Stamm. Die Geschichte hatte mich berührt, besonders die Vorstellung, dass sich viele unterschiedliche Menschen und andere Wesen miteinander verbündeten, sich jederzeit aufeinander verlassen konnten und gemeinsam etwas erreichten. Das imponierte mir. Wie gut könnten wir doch wohl alle eine solche Zuverlässigkeit in unserem Alltag brauchen!?

Gedankenversunken spielten meine Hände mit dem Laub, das dem Baum zu Füßen lag. Ein bisschen fühlte ich mich wie der kleine Junge und war darüber sehr zufrieden. Dann sah ich plötzlich eine kleine Spinne flink davonkrabbeln und hinter einem Stück Baumrinde verschwinden. Und da wusste ich, dass es eine wahre Geschichte …

Zeitfracht Medien GmbH
Ferdinand-Jühlke-Straße 7
99095 Erfurt, Deutschland
produktsicherheit@kolibri360.de